LOVEFULLNESS

TERAPEUTICKÁ METODA SEBEPŘIJETÍ

Obsah

Předmluva

Když jsem začal objevovat cesty, jak pracovat jako terapeut, našel jsem inspiraci metodou přijetí z Havaje nazývanou Ho'oponopono. Bylo nádherné vidět, jak snadno pomáhá dosáhnout nejrůznějších stavů mysli. Metoda však byla založena na předpokladu propojení se s Bohem nebo s nějakou vyšší entitou.. Osobně mám tendenci nahlížet na věci z více úhlů pohledu, a proto jsem se pokusil najít alternativní cestu a rozvinout tuto techniku přijetí. Nakonec jsem ji našel. Ale její vysvětlení v této knize zřejmě nebude konečná verze. Například nedávno jsem objevil další cvičení, která jsou velmi efektivní v dosažení hlubšího spojení. Proto doporučuji všem absolvovat individuální sezení nebo navštívit jeden ze seminářů, které poskytuji. Pokud žijete daleko, můžeme mít „skype sezení".

Část z textu této knihy tvoří také úkoly, protože jednoduchým čtením je nemožné zažít podstatu myšlenky. Splnění každého úkolu vede k hlubšímu porozumění. Jakmile zpracujete všechny úkoly, prosím, zašlete mi vaše poznámky na e-mail: info@lovefullness.co.uk.

Již řadu let je tato metoda prezentována na seminářích a osobních sezeních a vždy se dostavily pozitivní změny. Děkuji všem, kdo věřili v potenciál této metody. Byl jsem svědkem případů, ve kterých se výsledný efekt projevil ve fyzickém těle i v mysli.

Matrix vašeho podvědomí

Slovo matrix se dostalo do obecného povědomí a aktivní slovní zásoby mnoha lidí po uvedení filmu se stejným názvem Matrix. Většině lidí tedy asi bude jasné, co matrix je. Ale pokud jste neviděli film, pokusím se vysvětlit význam tohoto slova na základě příběhu. Představte si, že nežijete ve skutečném světě. Všechno je iluze. Jak je to možné? To, co jste zažili včera, dnes už neexistuje. Přesto si to pamatujete. Víte, že tyto věci se staly, ale pár tisíc kilometrů od tohoto místa, kde se to stalo, je jiný čas. Ano, my bychom mohli nazvat čas konceptem. Ale uvědomte si, že tu samou událost si pamatujete jinak než jiná osoba, která v ní také figurovala. Pokud se zeptáte této osoby, co si pamatuje z dané situace, pravděpodobně ji popíše jinak, než jak si ji sami pamatujete. Proč? Tato osoba se soustředila na jiné detaily, zažila jiné emocionální reakce. Dobře tedy, jak ale potom může jednotlivec vysvětlit, že všechno je iluze? To je jednoduché. Jsme skuteční pouze skrze naši vlastní perspektivu. Ale je vidět z příkladu výše, skutečnost je příliš podmíněná. Detaily vypadají jinak z každé perspektivy. Co je v tomto případě iluze? V podstatě to, že si myslíme, že je to skutečné. Co to znamená prakticky? Hlavně, že bereme věci příliš vážně.

Nyní, prosím, napište na kus papíru vlastními slovy, proč si myslíte, že všechno je iluze.

Pojďme hlouběji a zkusme změnit zažitý pohled na věc. Všechno je iluze. Opravdu? A jak to můžete rozpoznat? Pojďme přemýšlet o všech úkazech, jako by byly pouze obrázky ve vaší mysli nebo, pokud chcete, ve vašem mozku.

Víte, jak oči zobrazují to, co vidí? Mozek pracuje s okem, jak je vysvětleno na obrázku níže. Obrázky přijímáme do našeho mozku na základě představy, že všechno kolem nás je skutečné, protože náš mozek má schopnost kompilovat obrázky v jeden. To nám dává představu, že věci kolem nás mají různé formy. Ale máme více než jeden smysl. Pokud tedy následujeme tento mentální proces posilování pocitů, že forma je od nás oddělena, vzniká dualismus, který způsobuje zmatené emoce.

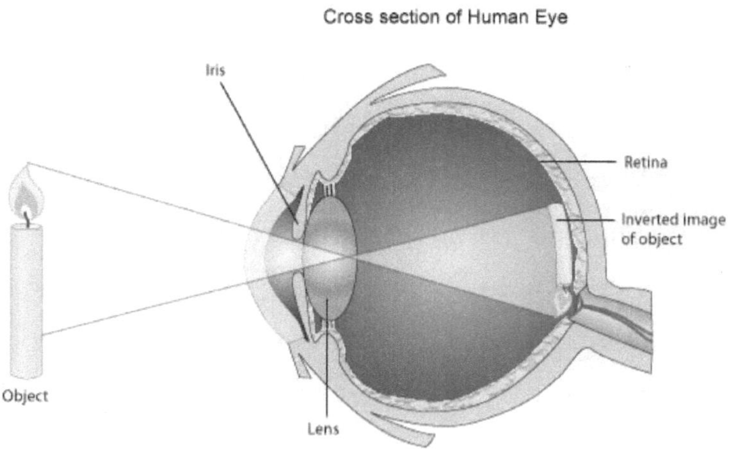

Nyní potřebujeme pochopit, že naše chápání světa kolem je založeno na dualismu. Zapomeňte na vše, co jste vnímali jako skutečné. Soustřeďte se na to jako na obrázky ve vaší mysli. A pracujte s tím jako s obrázkem. Pokud myslíte, že nadešel ten správný čas, prosím, nakreslete, co vidíte. Nejprve zavřete oči a pak je po chvíli znovu otevřete. Pak nakreslete, co vidíte, co přichází do vaší mysli.

Nyní máme nějaké představy související s konceptem, že svět je složen z obrázků. To je důležité pro další krok k vizualizaci. Zavřete oči a představte si pro vás dokonalé místo. Otevřete oči a napište ve všech detailech, co jste viděli.

Nahlédli jste do vašeho podvědomí. Je to překvapení? Do vaší představy můžete přidat něco z minulosti vašich blízkých nebo tam dokonce můžete figurovat vy osobně, respektive vaše kopie z minulosti. Pokud jste schopni vidět detaily, například vzhledu tváře, emoce, které zažíváte na základě toho, co vidíte, jsou informací, která je uložena ve vašem podvědomí. A s tím si můžeme hrát. Důležitý je proud vašich pocitů. Ano, my je můžeme změnit s využitím nástrojů, které budou popsány dále v textu. Takhle můžete projít cestu do vašeho podvědomí. Výsledkem je, že vaše pole a vnější svět se změní. Tady je místo, kde byste měli využít matrix jako nástroj pro *lovefullness*. V tuto chvíli obvykle klient upozorní, že zažívá vize ve své mysli. To je pozitivní výsledek a s matrixem můžete jít dokonce hlouběji do podvědomí. Až k jádru.

Slabiky pro vaše vize

Slabiky jsou velmi užitečným nástrojem *lovefullness*. Je to možnost se například naučit, jak vytvořit silnější pocity nebo jak se propojit s vašimi emocemi. Anebo jak nechat vize přijít ze zdroje vašeho těla, které je dokonalým nástrojem a kanálem jakéhokoliv zdroje v celém vesmíru.

Nyní se nejprve dotkněte něčeho a prociťte to. Představte si, že se dotýkáte konzistentního proudu vibrací. Zkuste to přijmout jako svoji součást. Zhluboka a pomalu se nadechněte. Nemusíte nikam spěchat. Toto je vaše chvíle. Nyní, prosím, popište vaše pocity. Nedělejte si starosti s tím, že nedávají smysl. Zkrátka napište každé slovo, které vás napadá:

Toto je důležité pro pochopení toho, jak zdroj funguje. Protože dostat se ke zdroji je poloviční cesta k vysvobození. Je nezbytné poznat zdroj alespoň jednou. Tím vaše cesta začíná. Každý zdroj vám pomůže jít správným směrem, dokud se sami nestanete zdrojem. Nazvěme to „nulový stav“.

Pojďme vysvětlit význam zdroje ještě jednou. Zdroj je nedotknutelný, ale přitom plný energie. Můžeme říci, že v této době, v tomto století, jsme připraveni ho využít. Zatímco v minulých století jsme se cvičili ve spojení, nyní je naše vědomí soustředěno na spojení více než kdysi. I když se méně zaměřuje na materiální věci.

Zdrojem mohou být emoce. Nabízí se tedy otázka, proč jsou některé emoce nepříjemné a proč se objevují, když je nečekáme. V čem nám pak poskytují zdroj? Vše, co musíte udělat, je najít skrze vaše vhledy smysl za obrázky. To je zdroj a brána ke změně. A to je jeden ze smyslů *lovefullness*. Jak to učinit co možná nejrychleji? Skrze přijetí sebe sama. Protože každý stav vaší mysli začíná s tvůrcem, kterým jste vy sami. Co si myslíte, že byste měli přijmout pro pochopení smyslu zdroje? Co vám zabraňuje od pochopení, že jste dokonalí? Prosím, napište to na papír.

Představte si, že objímáte věc nebo osobu se slovy „miluji tě". Prosím, napište na papír slova, o nichž si myslíte, že můžou změnit vaši neschopnost přijmout sebe sama za dokonalou bytost. Slova, která vytanou na mysl, zatímco si představujete, že něco nebo někoho objímáte. Tato slova mají zdroj, který můžete rozpoznat a pracovat s ním.

Nyní, prosím, napište vlastními slovy, jak jste pochopili, co je zdroj a jak ho můžete využít. Váš pohled je důležitý. Rozsah možných cest, v němž je možné využít *lovefullness*, je obsáhlý, protože jsme všichni jedinečnými individualitami. Cesty ke zdroji se mohou u každé osoby lišit. I vy můžete být dobří v této práci. Udržujte si svůj vlastní pohled a objevte cesty, ve kterých můžete použít hlavní body *lovefullness*.

Slabiky *lovefullness* můžete využít, jakmile uvidíte, že váš klient je v homeostázi a nebude schopný pracovat s vašimi návrhy. Slabiky posilují stávající stav a pomáhají odstraňovat všechny překážky. To také zintenzivňuje klientovy pocity i jeho vize.

Intuitivní schopnosti při práci s klientem

Toto téma má velký rozsah, protože všichni jsou schopni to vidět různými pohledy. Zde bychom se měli zaměřit na způsob, jak být otevření. Ne všichni mají spojení se svou intuicí a to je v pořádku. Potřebujeme rozeznat, kdy jsou naše volby intuitivní a kdy ne. Když se pokusíte popsat intuici, pravděpodobně nebudete moct nalézt dostatek slov nebo nebudete úplně spokojeni s vaším popisem. Vše, co můžeme říci, je, že intuice vám neřekne nic definitivního. Když si nejste jistí nebo když něco nedává smysl, to je dokonalý stav pro hledání vaší intuice. Tam jsou vždy otevřené dveře. Tento stav není nikdy konečný. Ale jakmile se naučíte, jak poslouchat vaši intuici, budete mít více soucitu a pochopení pro lidi kolem vás. Protože jste se rozhodli nechat dveře otevřené a nikdy je nezavřít.

Zatímco pracujete s klientem, je důležité naslouchat. To může vytvořit čistý proud energie mezi vámi. Vaše naslouchání vás může otevřít. Je velmi užitečné, pokud si během sezení uvědomíte, že problémy vašeho klienta jsou i vaše vlastní. Zeptejte se sebe sama, proč vás klient vyhledal a požádal vás o sezení. To není proto, že máte nádherné stránky a skvělou kampaň. To je především proto, že máte s klientem něco společného. A tohle je cesta, jak můžete být vždy úspěšní. Někdy to může být užitečné i pro vás. Například když s klientem řešíte něco, co vám umožňuje hlouběji pochopit váš vlastní stav, v němž se nacházíte v daný okamžik. Proč klienti mají něco, co máme i my? Jednoduše proto, že jsme zrcadlo. Vibrujeme na velmi podobné frekvenci. To je především důvod, proč jsou k nám druzí přitahováni.

Pokuste se cítit vibrace klientů a jejich sdělení ve vašem srdci. Nikdy vašeho klienta nepřerušujte. Nejste zde, abyste ho někam tlačili, tedy abyste mu pomohli se dostat do vašeho světa, kde věříte, že je to nejlepší. Pokud se cítíte být v této pozici, je nejlepší ukončit sezení a naplánovat jiné, protože nejste nezaujatí. Měli byste přemýšlet o všem, co se vás týká. A o ničem jiném. Pocit vibrací ve vašem srdci vám pomůže cítit energetickou interakci. Pamatujete si, jak jste se cítili, když jste byli zamilovaní? Vaše srdce bylo otevřené s touhou po sdílení. Byli jste schopní vnímat cokoliv, co předtím chybělo v prostoru. Nyní to je v přítomnosti. Tento pocit znamená, že jste se svým klientem propojeni, že mezi vámi existuje otevřené, vyrovnané spojení. Váš klient cítí, že může mluvit, a tak se otevírá. To by vám mělo pomoci rozeznat vyšší úroveň vaší interakce s klientem. Na druhou stranu těžké pocity ukazují, že vaše pozice není správná. To je to, co ostatní přijímají a proč reagují někdy absurdně ve vašich očích. Nyní můžete chápat jádro lidského chování. Práce s *lovefullness* vám může pomoci transformovat těžké pocity, může vás dokonce informovat o proudu světla mezi vámi. Klíčem je praxe. Každé sezení znamená, že jste o krok blíže k úspěchu a k novým hodnotným zkušenostem.

Nyní napište, co jste pochopili z této kapitoly. Jak můžete rozpoznat vaší intuici a co vám může přinést pozitivní výsledky ve vaší práci?

Sezení *lovefullness*

Nejprve musíte zvážit národní pracovní standardy (NPS), to jsou zákonem stanovená pravidla, která platí v Anglii a jiných zemích. Popisují profesionální přístup ke klientovi.

Tyto standardy pokrývají různé situace z praxe, proto mohou být použitelné celosvětově. Dodávají praxi profesionalitu. Sezení neznamená jednoduše si někam sednout a začít. Klient se pravděpodobně nebude cítit pohodlně. Nemůžeme zajistit výsledek, pokud jsou okolnosti proti nám. Například uvidíte, že je nemožné se propojit s klientem při nepříznivých okolnostech.

Přestože děláte nespočetně pokusů a cítíte se dobře, u klienta k žádné změně nedochází. Jednou z příčin může být prostředí terapeutické místnosti, místo, kde probíhá vaše sezení. Být soustředěný jenom na cíl není ten správný přístup. U *lovefullness* potřebujete být přítomní a vnímaví v každém okamžiku, přestat myslet na budoucnost. To může vytvořit zbytečný stres a nevědomý nátlak na klienta. Budoucnost má smysl, když jste zcela v přítomnosti a z ní získáte vhled do budoucnosti. To ale neznamená myslet na ni, to znamená, že cítíte. V okamžiku, v němž bylo něco mocného uvolněno, a pak v druhém okamžiku získáte vhled tedy celkový obrázek. Dobrá tedy, pojďme se posunout. Potřebujeme definovat nastavení naší praxe. Jinými slovy na co si dát pozor?

Je nutné zajistit, aby byla terapeutická místnost čistá a uklizená. V opačném případě se klient pravděpodobně bude cítit nepohodlně. Vzhled vašeho prostředí odráží vaši mysl.

Zajistěte, že nikdo vás nevyruší. Vypněte si váš telefon a zeptejte se klienta, zda může udělat to samé nebo alespoň vypnout zvuk.

Zajistěte, že budete schopní udržet klidné vystupování. Představte si, že uprostřed sezení venku na ulici projede velké a hlučné auto. To by mohlo narušit klientovo soustředění.

V některých zemích je povinné mít profesionální pojištění pro vaši praxi. Pokud to není stanoveno zákonem, pro vaši bezpečnost byste měli nechat klienta podepsat formulář, který uvádí, že:

- sezení je dobrovolné,
- pokud klient podstupuje jinou formu léčby, měl by vás o tom informovat,
- pokud klient podstupuje jinou formu léčby, měl by informovat svého doktora o sezení s vámi,
- klient následuje vaše instrukce pouze z vlastní vůle,
- klient ví, že by mohl být zatížený nebo zažít emocionální vypětí.

Když si sjednáváte sezení, měli byste posoudit, zda jste způsobilí pro zahájení léčby. To záleží na okolnostech. Pokud klient neviděl svého lékaře před prvním sezením, měl by tak učinit.

Klient má příležitost ověřit si vaši kvalifikaci a pojištění. Měli byste dát váš certifikát na nějaké pro klienty snadno viditelné místo.

Se souhlasem klienta nahrajte každé sezení. Díky tomu si můžete také dělat poznámky nebo si přehrát sezení znovu, když je to nutné. Archivujte všechny záznamy po dobu alespoň 5 let. Veškeré informace mezi vámi a klientem jsou přísně důvěrné.

Měli byste chápat skutečnou pozici metody *lovefullness*. To vám pomůže předcházet nečekaným situacím. Doporučuje se spolupráce s lékařem klienta. Neměli byste si například myslet, že jste schopni vyléčit rakovinu. Ale můžete být schopni pomoci klientovi relaxovat. Takové pochopení odstraní nerozumné očekávání. A vaše výsledky budou zajímavější.

Měli byste také před zahájením sezení vysvětlit, co budete dělat v jeho průběhu. Nezacházejte ale příliš do detailů. To by mohlo vytvořit nechtěná očekávání, která můžou bránit pokroku sezení.

Výše byla uvedena základní pravidla korespondující s NPS. Nyní je třeba se zaměřit na specifické nastavení *lovefullness*. V *lovefullness* zkušenost říká, že můžeme mít až 3 sezení. Pak počkat nějaký čas pro další 3 sezení. Velmi často se stává, že klienti absolvují pouze jedno sezení předtím, než zažijí změny. Jaké změny? To záleží na klientovi. Dnes po absolvování mnoha sezení a skupinových workshopů nemám pochyb, že mohou mít opravdu rozmanitý vliv. Skoro vždy sezení podporuje nějakou změnu. Pokud klient životní změnu nezažije, intuitivně přijde znovu na další sezení.

Lovefullness předpokládá pár, tedy terapeuta a jeho klienta. Prosím, pokuste se vyhnout sezení pouze pro vás. To má hluboký význam. Mluvení k sobě skoro vždy vytváří nechtěné iluze. Každé pokračující sezení je rozhovor, ve kterém vaše otázky určují směr.

Sedněte si před svého klienta s rovnými zády v pozici podobné jako v meditaci. Váš zrak by měl být upřen do klientových očí. Pak stačí už jen pár určitých otázek a užitečných bodů potřebných pro sezení:

- Jak se cítíte?
- Kde máte tento pocit ve vašem těle?
- Jakou barvu to má?

<u>**Význam barev**</u>

- Žárlivost – zelená
- Pýcha – žlutá
- Připoutanost – červená
- Nevědomost – bílá
- Oddělenost – černá
- Hněv – modrá

Všechny další barvy jsou kombinací těchto uvedených šesti, stejně jako další emoce. V souvislosti s emocemi *lovefullness* nakonec ukazuje skutečnou emoci za hranicemi vaší představivosti.

Zde jsou některé barvy, které jsou kombinací barev výše.

- Šedivá = bílá a černá
- Hnědá = žlutá a černá
- Fialová = modrá a červená
- Růžová = červená a bílá
- Oranžová = žlutá a červená

- Tyrkysová = modrá a zelená

Začněte s barvou, která vám dává silnější pocit, která přitahuje více vaši pozornost. Pak váš klient začne opakovat po vás nejlepší možné věty věnované barvě/emoci z předchozího bodu. Například: Miluji tě, můj hněve. Jsi nejlepší věc v mém životě, můj hněve.

Jakmile to intuitivně pocítíte, užijte další nástroje, jako jsou matrix vašeho podvědomí nebo slabiky pro vaše vize. Nedělejte si starosti s tím, že nevíte jak. Prostě to zkuste. Výsledky jsou důležité, to byste měli brát v úvahu. Vaše výsledky vám ukážou, kam byste měli jít. Pokud budete mít šanci, jděte k dalšímu praktikovi pro vaše úvodní sezení. Pak si přečtěte tuto kapitolu znovu. To je důležité, protože osobní zkušenost vám dává užitečný pohled na to, o čem *lovefullness* je.

Měli byste udržovat sezení v dynamickém tempu. Jakmile budete čelit nějakým překážkám (například klient začne plakat nebo nemáte ponětí, jak pokračovat), zůstaňte mimo. Tato pozice pomáhá udržet dynamiku a váš svěží pohled jako terapeuta a to vám dává schopnost úspěšně vést vaše sezení. Také se pokuste vyhnout přerušovaným sezením. Z výzkumů víme, že jakékoliv nepříznivé účinky během sezení mají dopad na mozkové vlny a to je nepříznivé pro získání vhodných reakcí.

Po sezení je užitečné poslat kopii nahrávky klientovi. Obvykle má klient tendenci poslouchat sezení znovu. To mu pomáhá pamatovat si jeho zážitek ze sezení.

Když používáte matrix, pokuste se být konkrétní, jak je to jen možné. Například: když klient popisuje místo, kde se ve své vizi nachází, to znamená, když k němu během sezení začíná přicházet vize nebo když ho intuitivně dostanete do matrixu. Jiným příkladem je, když se klient snaží popsat svoje pocity v jeho těle, jak pocit vypadá a jakou má konzistenci.

Nezapomeňte užít vaši schopnost vidět barvy a identifikovat je s emocemi v matrixu. Uvidíte, jak rychle se můžete dostat k jádru nebo se začít posunovat dále. To může pomoci uvolnit všechna tzv. „zamrznutí".   ·

Práce s vaším podvědomím nebo slabikami zvyšuje vaši zkušenost. Každé sezení by mělo sloužit jako studie všech situací, které se během něho objevily. Máte váš záznam, tak můžete napsat pár poznámek, abyste vyjádřili váš vhled do situací.

Váš domácí úkol z této kapitoly je nahrát vaše vlastní sezení a poslat nahrávku s ostatními úkoly na adresu uvedenou na první stránce.

Výzkumy

Dělali jsme dva výzkumy. První zahrnoval měření s využitím GDV kamery a HRV analýzy, druhý měření mozkových vln.

Již v rámci prvního měření jsme zjistili zajímavé změny před sezením a po něm. Je ale důležité uvést, jak dalece je možné změnit měřitelné indikátory. Využili jsme GDV kameru a Kirlianovu fotografii, která je kolekcí fotografických technik určených k zachycení úkazů elektrických koronálních výbojů.

Koronální výboj je elektrický výboj přivedený na ionizaci tekutiny obklopující vodič, který je elektricky napájen. Výboj nastane, když je síla (potenciální spád) elektrického pole kolem vodiče dostatečně vysoká k formování vodivé oblasti, ale ne dostatečně vysoká, aby způsobila elektrický defekt nebo jiskření v blízkosti objektů.

To zní možná komplikovaně, ale to je krátké vysvětlení principu GDV kamery. Pokud máte zájem, můžete si sami provést podobný výzkum anebo získat více informací o GDV kameře. Obrázek níže ukazuje stav klienta před sezením. To je generované schéma energetických center a jejich měřitelných hodnot.

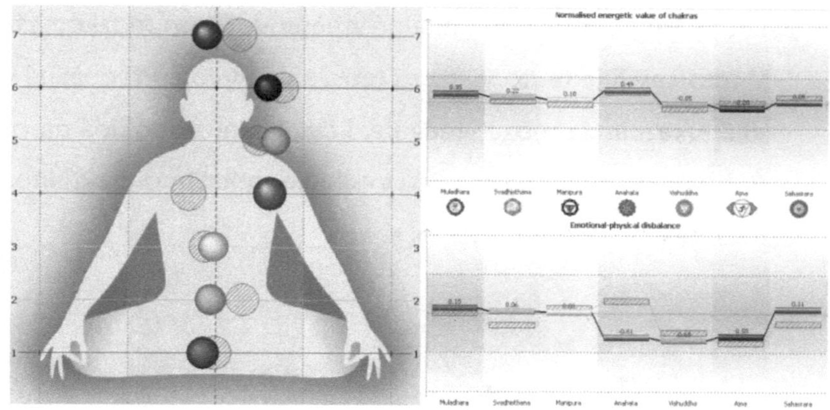

A tento obrázek níže ukazuje stejného klienta po sezení. Pokud je každé centrum ve vertikální čáře, je to ideální stav. Zde můžete vidět nějaký pokrok.

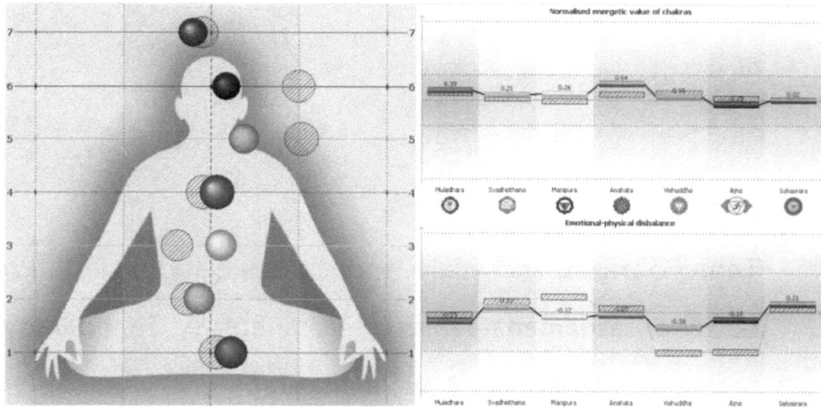

Další silná změna je v sympatickém nervovém systému a v periferní nervové stimulaci. Cílem výzkumu bylo změřit fyzické změny, které se objevují v průběhu sezení a po něm.

Druhý výzkum ukázal viditelné změny ve všech mozkových vlnách. V tuto chvíli je tento výzkum teprve ve vývoji. Předběžné výsledky však ukazují, že mozek reaguje, když klient odpovídá na otázky. A v průběhu celého procesu vykazuje podobnou aktivitu, kterou můžete dosáhnout v hypnóze.

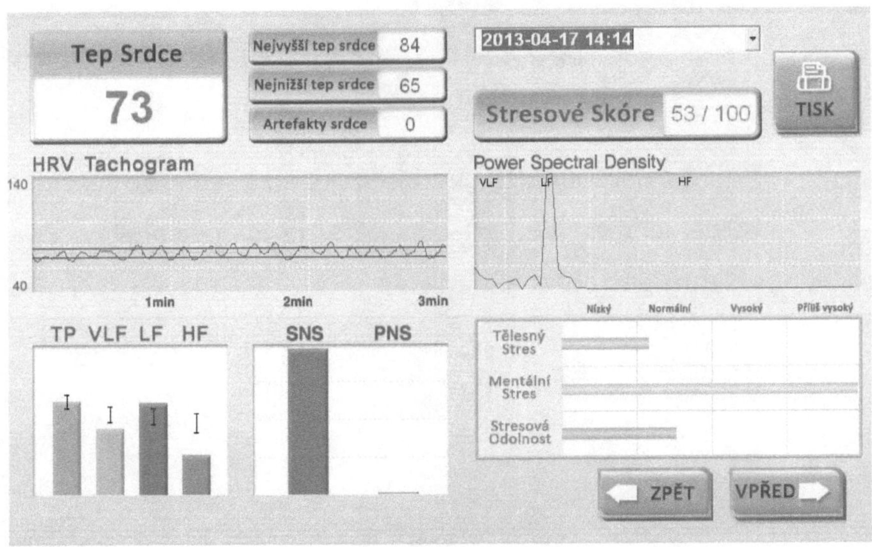

Tento obrázek zachycuje hodnoty jako tep a další. Pro nás je důležité zaznamenat změnu. Všimněte si, že hodnoty SNS a mentálního stresu jsou u svého maxima.

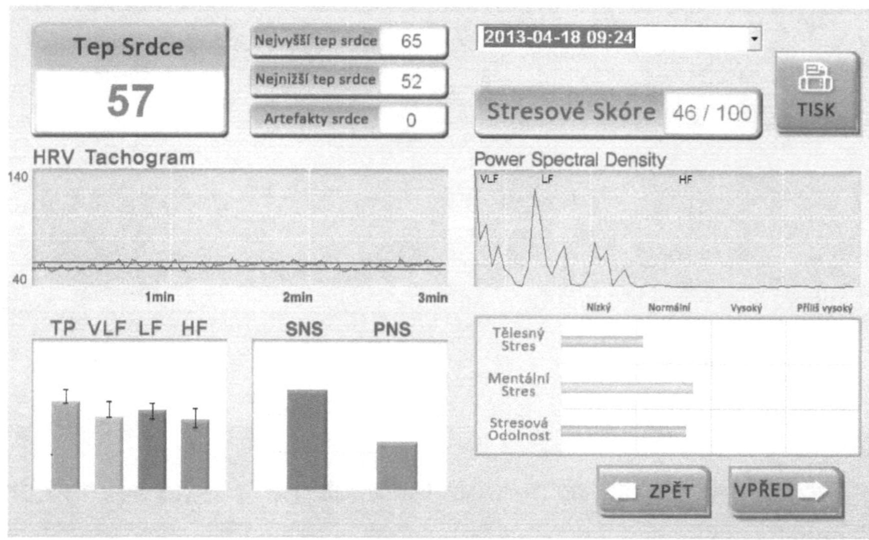

Toto je stejné měření zachycené po sezení, SNS a mentální stres se zmeněnil, stejně tak i tep srdce.

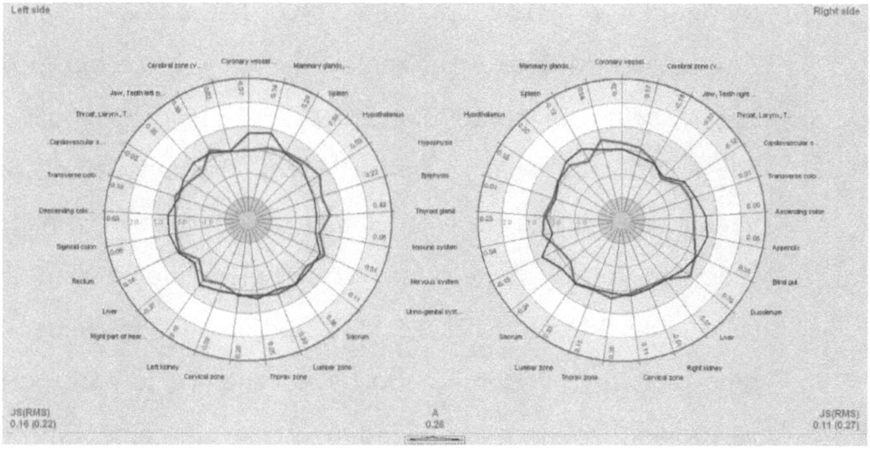

Toto je GDV diagram zachycený před sezením, celkově lze říci že pole je nevyrovnané v určitých oblastech.

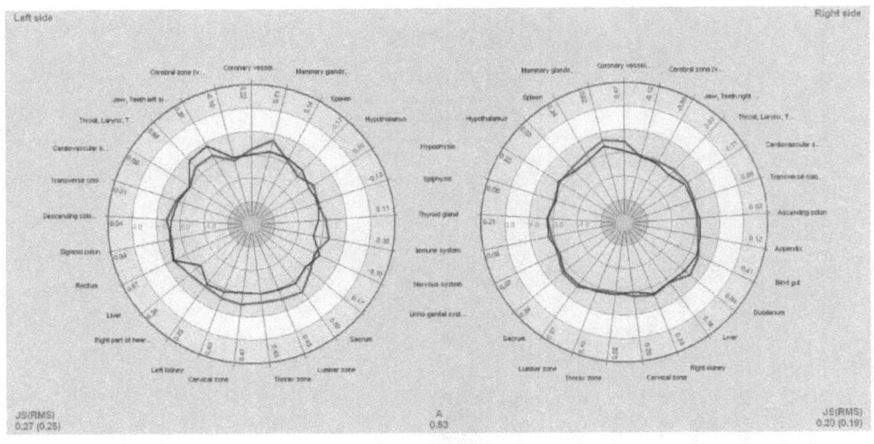

Zde, ačkoliv to není až tak viditelné, přesto zaznamenáváme změnu a posun v zobrazení v prvém kruhu.

Meditace, užitečný pohled pro váš úspěch

Meditace je velmi důležitá pro hluboké chápání smyslu *lovefullness*. Můžete získat znalost, ale to je k ničemu, pokud vaše smysly nefungují na 100 %. Znalost je bezpochyby užitečná, ale zde se pokoušíme jít za vaše chápání. Pojmenovat něco, co jste věděli podvědomě, že jste dělali ze stejného stavu, a nebyli jste si toho vědomi. Uvažujte o tom, co vás přibližuje ke štěstí. Zažíváme to v lásce. Můžeme říci, že to je spojení? Objevujeme stav, kdy jsme propojeni vědomě nebo nevědomě. To je naše potřeba být ve spojení. Dokonce i když sedíme sto let na stejném místě, je tam stálé spojení. Jsme propojení více, než si přejete.

Když začínáme přemýšlet o věcech kolem nás, začínáme vytvářet iluze. Většinou proto, že prožívané srovnáváme s našimi předchozími zkušenostmi nebo s našimi znalostmi. Víte, že znalosti potřebují být doplněny vaším srdcem? Pokud tam není srdce, věci budou proti vám. Protože jsme schopni dělat omezení. Znalosti byly vytvořeny z podmínek, které nás limitují. Srovnávání s vašimi emocemi není dobré. To je posuzování. A posuzování vytváří oddělenosti mezi námi. Souhlasíte? Tedy nemyslete, že můžete změnit vašeho klienta nebo kohokoliv jiného. Tento stav signalizuje vaši oddělenost od okolního světa. Je příliš těžká. A vaše motivace pomoci druhým není jasná. Také nemyslete, že jste byli jedinou příčinou všech pozitivních změn vašeho klienta. Váš stav by měl připomínat meditaci: zůstat v jednom bodu a sledovat vše, jako by to byly pouze obrázky. Do momentu, kdy budete ve vaší nehybnosti. Tam nejsou myšlenky. Jen čisté a plné spojení. Pokud to je těžké pochopit, znáte cestu, jak získat zkušenost. A tou je meditace.

Zde je váš úkol: nejjednodušší meditace je soustředit se na váš dech a sledovat a ignorovat vaše myšlenky. Začněte meditovat tak dlouho, jak můžete. Pravděpodobně začnete pouze s pěti minutami, ale váš cíl by měl být dvě hodiny v meditační pozici, což znamená, udržování rovných zad se zavřenýma očima a jemně předkloněnou hlavou. Tip: Můžete počítat vaše nádechy a výdechy. Až strávíte dvě hodiny sedící a soustředění na váš dech, napište zde, co se změnilo a jak vám meditace pomohla.

Struktura sezení

Zde potřebujeme nastínit strukturu sezení. První a poslední fázi.

- Naslouchejte vašemu klientovi. Udělejte si nějaké poznámky.
- Vysvětlete mu nebo jí, co sezení bude obsahovat.
- Začněte pokládat otázky a prozkoumávejte barvy.
- Říkejte pozitivní věty k rozpoznání a pojmenování kořenové emoce.
- Na každou změnu, na níž upozorní váš klient, reagujte pozitivními slovy.
- Pokud váš klient zažívá vize/obrázky/vzpomínky, využijte matrix k prohloubení zážitku.
- Pokud váš klient cítí překážky následovat návrhy a obrázky, využijte slabiky.
- Jakmile váš klient zažívá předpokládané změny, nebo není schopný se soustředit na barvy či cítí, že není nic, co je třeba opakovat, protože se cítí relaxovaný a jako kdyby pochopil něco hlubokého, ukončete sezení.
- Zeptejte se klienta, jak se cítí.
- Zeptejte se klienta na další sezení.

Afirmace

Nejdříve potřebujeme pochopit význam afirmací. Z určitého úhlu pohledu je afirmace způsob, kterým akceptujeme stav mysli a dostáváme se do stavu tak zvaně "za" a ponořit se hlouběji do naší mysli. Co přesně mám na mysli dostat se do stavu za? Zažíváme nepříjemné stavy a naše otázka zní proč? Akumulujeme všechny nepříjemné stavy uvnitř bez schopnosti se s nimi vypořádat. Je pravděpodobné, že všechny souvisí s problémem, který věříte, že máte. Ale měli byste vědět, že podvědomí ovlivňuje mnoho jevů přicházejících například z vašeho dětství, minulých vzpomínek, které zkreslují skutečnost i vaše chápání kořene a příčiny vašeho problému. Afirmace nám pomáhá uvolnit a přijmout stav, ve kterém trpíme. Nejlepší čas pro užití afirmace je před vaším spánkem. Proč? Afirmace vytváří informaci, která se může do vašeho podvědomí dostat lépe, když spíte. Jakmile jednou pojmenujete vaši afirmaci, zůstává ve vašem vědomí a když spíte, dosahuje hlouběji do vašeho podvědomí, a tak se vytváří rovnováha.

Afirmace by s vámi měla rezonovat. Někteří lidé mají problém vyjádřit své pocity verbálně. A to je v pořádku. Ale předpokládám, že pokud jste s vaším partnerem, víte, co říci. Můžete si tedy představit, že vaše slova jsou věnovaná vašemu partnerovi. A pokud žádného nemáte, představte si, že tomu tak je. Jsem si jistý, že na tomto světě je alespoň jedna osoba, která na vás čeká. Toto je způsob, jak se můžete naučit být propojení s ostatními a praktikovat neoddělenost. Nebuďte znepokojení, že váš klient není váš partner. Pracujte na vašem vztahu, váš klient je jako zrcadlo, které odráží okolní svět, včetně vašeho partnera. Nyní napište alespoň pět afirmací k hněvu.

Lovefullness (láskyplnost) pro páry

Lovefullness je velmi účinný pro páry. Pokud máte pár pro sezení, nebojte se, že nebudete schopni poskytnout profesionální sezení. Z vlastní zkušenosti vím, že při sezení pro páry můžete využít vysokou úroveň vašich schopností v *lovefullness*. Vaše nevyrovnanost příliš nepomůže. *Lovefullness* není balíček omezených pravidel. Je to především disciplína. Díky ní rozpoznáte vaše schopnosti a přednosti. Tato zkušenost je základní. Pamatujte, že vaši klienti jsou vaše zrcadlo. Můžete tedy nasměrovat vaše vedení tím, že při sezení využijete vaši nejsilnější schopnost. Například pokud jste dobří ve vizualizaci, můžete nabídnout vašemu klientovi návrhy soustředěné na detaily obrázků přicházející z podvědomí mysli vašeho klienta.

Nechte pár si sednout naproti sobě. Dejte jim dostatek prostoru. Zeptejte se jich, zda se cítí pohodlně a zda můžete sedět někde blízko. Během prvního sezení bych doporučil sedět alespoň jeden metr od nich. A nyní byste měli začít říkat afirmace. Tyto afirmace jsou docela jiné. Místo „miluji tě, můj hněve", použijete slova, jako jsou „miluji tě", „prosím, odpusť mi", „omlouvám se", „děkuji ti". A místo pojmenování emocí byste měli tato slova adresovat k dalšímu partnerovi s využitím jeho nebo jejího jména. Po opakování první série se dotkněte rukama ramenou každého z páru a soustřeďte se na váš dech. V klidu. Nechte je prožívat jejich vlastní pocity. Po deseti hlubokých výdeších a nádeších můžete nechat jednoho z partnerů v páru opakovat afirmace. Poté další partner udělá to samé. Pak se zeptejte, jak se cítí. Vaše mysl jako terapeuta by měla být prázdná, každou Vaši myšlenku může totiž pár vnímat. Tato práce má co dělat s energiemi. Například pokud mezi ně dáte svíčku, výsledek by mohl být lepší, nebo můžete použít nádobu s vodou. Během sezení se pokuste vizualizovat proud světla, který je propojuje. A pokud zjistíte druh emoce jednoho z partnerů, představte si proud světla z vesmíru.

Zeptejte se nějakého páru, který znáte, zda s nimi můžete realizovat toto cvičení. Poté napište na papír své dojmy.

Zvládání stresu s využitím *lovefullness*

Pokud jde o zvládání stresu, rozhodující metodou je práce s barvami. Po nějakém čase vaší praxe budete na barvy citlivější a pocítíte něco specifického při jejich sledování. Základem každého terapeutického přístupu je velké úsilí dosáhnout vrcholu nejlepší efektivity. To samé platí v *lovefullness*. Pokud při sledování barev nic necítíte, zkuste využít asociativních slov, které jsou součástí afirmací. Tato slova vyvolávají fyzické pocity. Tedy v některých situacích, protože se jedná o cvičení posilující vaši vnímavost. Pokuste se soustředit na nějakou barvu, ke které se cítíte silně přitahováni. Pak začněte opakovat afirmace s asociativními slovy. Cílem je dostat se do relaxovaného stavu. Jakmile pocítíte fyzickou změnu, můžete skončit opakování. Pokračujte příště s jinou barvou. Vyplývá z toho jedno hodnotné pravidlo: barva = emoce. Soustřeďte tedy vaši afirmaci do vaší emoce asociované s barvou. Po nějaké době budete schopni využít toto cvičení ve stresové situaci. Ale jako vždy dodá praxe vaší moudrosti další rozměr.

Nyní se pokuste udělat toto cvičení a napište na papír vaše dojmy.

Cíl

Na workshopech často slyším otázku: „Co je cíl?“ Moje odpověď je, že cíl je uvolnění skrze rozpoznání skutečného významu problému. Jednoduše nemáte potřebu pokračovat v této cestě, protože získaný vhled poskytl nějaký druh svobody. Přišel jsem na to, že by tam měl být nějaký vzorec. Klient může přijít s konkrétním problémem, například sebevědomí, neschopnost se soustředit a podobně. To je velmi efektivní zdroj pro to, aby se terapeutický proces stal účinnějším. Víte, že váš klient může „zamrznout“ během sezení. Již zmíněný problém může sloužit k dosažení cíle. V matrixu můžete využít tento problém ke zvýšení pravděpodobnosti, jak se posunout dopředu. Vaším nástrojem jsou afirmace. Můžete vytvářet afirmace s využitím zmíněného problému a asociovaných emocí na základě barvy v daném obrázku vašeho podvědomí, to určuje, jaká barva se dotýká klienta silně. Nebo využijte afirmaci obsahující problém pro pochopení situace obrázků. Například ačkoliv jsem sebevědomý, jsem připraven jít a sdílet moje pocity v této situaci. V tomto příkladě bylo problémem, který klient pojmenoval, sebevědomí.

Pokud jde o cíl, měli byste za sebou zanechat všechna vaše očekávání a předsudky světa. Docela často naleznete užitečný cíl tam, kde ho nikdo jiný nemůže najít. Každé sezení by mělo být výzvou zůstat konzistentní ve vašem úsilí. Váš pohled musí být koncentrovaný a musíte zcela opustit minulost nebo budoucnost.

Nyní napište vaši afirmaci pro emoci viny, protože to je to, co si klient uvědomil. Afirmace by měla být něco, co pomůže. Například obrázek, který klient popsal tak, že byl v lese s jeho rodiči. Sám neví, proč tam byl nebo jaký účel to mělo mít. Musíte mu tedy dát afirmaci využívající jeho problém k pochopení významu, proč byl v lese se svými rodiči.

9 788026 082859